오십에 쓰는 / 중용 中庸

한치선(타타오)

30여 년간 붓과 펜을 벗 삼아 문자(한자, 한글)와 더불어 살았습니다. 현재 유튜브 서예 채널 〈타타오 캘리아트〉와 〈타타오 서재〉, 깐징월드 인문학 채널 〈타타오 뜨락〉을 운영하며, 온 · 오프라인을 통해 활발히 활동 중입니다.

EBS 평생학교 〈한치선의 난생처음 붓글씨 쓰기〉, 클래스101 〈오늘부터 예쁘고 품격 있는 손 글씨〉, 유튜브 채널 〈타타오 캘리아트〉의 멤버십 〈유튜브 서예학원〉을 통해 온라인 강의도 진행하고 있습니다.

《경기도 서예대전》 운영위원을 역임했으며, 《추사 김정희 선생 추모 전국 휘호 대회》 심사 등 다수의 서예대전에서 심사위원으로 참여하였습니다.

지은 책으로는 「오십에 쓰는 중용」, 「오십에 쓰는 맹자」, 「오십에 쓰는 도덕경Ⅰ · Ⅱ」, 「오십에 쓰는 논어」, 「오십에 쓰는 채근담」, 「오십에 쓰는 천자문」, 「당신의 품격을 올려주는 손 글씨」, 「가장 쉬운 독학 타타오의 서예 첫걸음」 등이 있습니다.

〈일러두기〉

하나의 문구를 두 개 혹은 그 이상으로 나눠 실을 때는 나눠진 문장에서 앞 문장의 맨 뒤와 다음 문장의 맨 앞에 '-'를 표시하였습니다.

오십에 쓰는, 중용 中庸

중용(中庸)은,

중용(中庸)은 논어(論語), 맹자(孟子), 대학(大學)과 함께 사서삼경(四書三經) 중 하나입니다. 유학의 기본 사상을 이루는 핵심으로, 예로부터 모든 선비는 사상의 필수양분으로 삼았습니다. '중(中)'이라 함은 갑골문에서 깃발을 매는 깃대를 뜻하는 것으로, 깃발은 바람에 흔들릴 수 있지만 깃대 자체는 늘 중심을 지킨다는 의미를 내포하고 있습니다. 즉 말과 행동이 상황과 상대에 따라 유연성을 가지는 것은 좋으나 근본 바탕의 심지는 견고한 것이 중(中)입니다. 또한 극단에 치우치지 않고 한쪽에 편향되어 굳어지지 않음이 '중용(中庸)'입니다.

중용(中庸)은 공자의 손자인 자사(子思: BC483~402)의 저술이라고 하며, 본문 중의 子曰(자왈)은 자사 또는 공자를 뜻합니다. 이 책은 표현의 군더더기 등 일부를 제외한 중용의 전문을 다루었습니다.

갈수록 '편협'과 '이기'의 좁은 굴속으로 파고 들어가는 요즘 세상에 한 줄기 빛을 비춰줄 수 있는 것이 중용의 지혜입니다. 이 책이 현대를 살아가는 모든 이들을 위한 지침서 중 하나가 되기를 바랍니다.

필사를 위한 준비,

이 책의 체본은 가는 붓펜으로 썼습니다. 많은 필기구 중에서 붓펜을 고른 이유는 힘의 가감이나 압력을 가장 정교하게 보여줄 수 있는 서사 도구이기 때문입니다. 하지만 그만큼 초심자분들이 다루기가 어려운 점도 있습니다. 독자께서는 굳이 붓펜이 아니더라도 자신에게 잘 맞고 휴대성과 접근성이 좋은 중성펜 등으로 필사하시길 추천해 드립니다.

필사는 기법만이 아니라 심법(心法)도 아주 중요합니다. 문자(文字)란 생명과 사상을 담은 그릇이고, 그렇기에 필사하는 행위 자체가 하나의 인성수양(人性修養)이며 도야(陶冶)라고 할 수 있습니다.

책 활용법,

이 책은 한자 필순이나 기본획 쓰는 방법을 설명하고 있어 별도로 서예를 배우지 않은 사람도 기본적인 한자 쓰기가 가능합니다. 문장 따라 쓰기에서는 인문학자이자 서예가인 작가가 정리한 문장을 읽으며 의미를 되새기고 따라 쓰며 그 운치를 헤아릴 수 있도록 하였습니다.

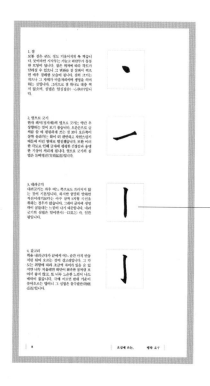

필사를 위한 도구와 마음 자세, 10여 가지의 한자 필순 원칙을 익힐 수 있습니다. 한자를 쓸 때 이 부분만 염두에 둬도 기본적인 한자 쓰기가 훨씬 안정될 것입니다.

서예에서 가장 중요한 쓰기 방법인 '영자팔법(永字八法)' 과 기본획을 쓰는 방법에 관해 설명합니다. 한자를 구성하는 기본획의 필법을 익히면, 한자 쓰기의 기본기가 갖춰져 아름다운 한자 쓰기가 가능합니다.

모든 이들에게 삶의 지침서가 될 중용의 원문과 해설을 읽으면서 마음에 새깁니다.

중용(中庸)은 논어(論語), 맹자(孟子), 대학(大學)과 함께 사서삼경(四書三經) 중 하나로서 유학의 기본 사상을 이루는 핵심입니다. 중용은 공자의 손자인 자사(子思: BC483~402)의 저술이며, 본문 중의 子曰(자왈)은 자사 또는 공자를 뜻합니다.

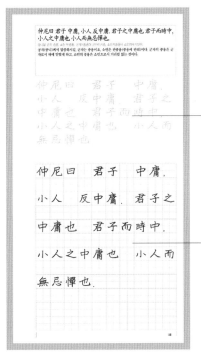

仲尼曰 君子 中庸, 小人 反中庸. 君子之中庸也, 君子而時中, 小人之中庸也 小人而無忌憚也.

仲尼曰 君子 中庸,
小人 反中庸. 君子之
中庸也 君子而時中,
小人之中庸也 小人而
無忌憚也.

喜怒哀樂之未發 謂之
中. 發而皆中節 謂之
和. 中也者 天下之大
本也. 和也者 天下之
達道也. 致中和, 天地
位焉 萬物育焉.
仲尼曰 君子 中庸,
小人 反中庸. 君子之
中庸也 君子而時中,
小人之中庸也 小人而
無忌憚也.

인쇄용 서체가 아닌 작가가 직접 쓴 해서체 체본 위에 따라 쓰며 작가의 심법을 더욱 세밀하게 배울 수 있도록 하였습니다.

다시 한번 작가의 서체를 세밀하게 관찰한 후 자신만의 한자 쓰기를 할 수 있도록 했습니다. 작가의 수려한 글씨체를 본받아 중용의 주옥과 같은 문구를 써보세요.

'편협'과 '이기'가 만연한 요즘 세상에 한 줄기 빛을 비춰줄 수 있는 것이 중용의 지혜입니다. '중(中)'이라 함은 갑골문에서 깃발을 매는 깃대를 뜻하는 것으로, 깃발은 바람에 흔들릴 수 있지만 깃대 자체는 늘 중심을 지킨다는 의미를 내포하고 있습니다. 즉 말과 행동이 상황과 상대에 따라 유연성을 가지는 것은 좋으나 근본 바탕의 심지는 견고한 것이 중(中)입니다. 또한 극단에 치우치지 않고 한쪽에 편향되어 굳어지지 않음이 '중용(中庸)'입니다.

한자 필순의 원칙,

한자에서 필순은 무척 중요합니다. 그렇지만 너무 경직되어 틀에만 얽매일 필요는 없습니다. 기본적인 이치와 원리를 이해하면 큰 틀은 자연스럽게 손에 익을 것입니다. 다음 기본 원칙을 이해하고 적용해 봅시다.

1. 위에서 아래로 씁니다. 물이 위에서 아래로 흐르는 이치입니다.

2. 왼쪽에서 오른쪽으로 씁니다. 왼쪽이 안이고 오른쪽이 바깥이니, 안에서 밖으로 향함이 순서입니다.

3. 가로획과 세로획이 겹칠 때는 가로획을 먼저 씁니다. 가로가 음(陰)이고 세로가 양(陽)이니, 음양의 순서입니다.

4. 좌우 대칭을 이루는 글자는 가운데 획을 먼저 쓰고, 좌우의 순서로 씁니다. 기준 획을 먼저 써야 균형을 맞추기 편리하기 때문입니다.

5. 글자 전체를 세로로 꿰뚫는 획은 맨 마지막에 씁니다(예: 中(가운데 중), 일관(一貫)하는 의미가 있기 때문입니다).

7. 삐침과 파임이 만날 때는 삐침을 먼저 씁니다. 삐침이 음(陰), 파임이 양(陽)입니다.

8. 몸(한자에서 글자의 바깥 부분을 에워싸고 있는 부수 '國', '匹'에서 '囗', '匚' 따위)과 안으로 된 글자는 몸을 먼저 씁니다. 그래야 크기를 정하기 쉽기 때문입니다. 집을 지어 두고 식구들이 들어가는 것과 같은 이치입니다.

9. 오른쪽 위의 '점'과 안의 '점'은 맨 마지막에 찍습니다. 이때 점은 마침표와 같은 기분입니다.

10. 받침 중 '走', '是'는 먼저 씁니다. 그것이 의미부(글씨에서 의미를 나타내는 부분)이기 때문입니다.

11. 받침 중 '廴', '辶'은 맨 마지막에 씁니다. 이것 또한 의미부이나, 간단하게 만들었기 때문에 마지막에 써서 글자를 받쳐줍니다.

영자팔법(永字八法),

서예에서 중요한 이론 중에 '영자팔법(永字八法)'이 있습니다. '永(길영)'이라는 한 글자 속에는 한자의 거의 모든 기본획이 포함되어 있습니다. 그래서 서예의 기초 단계에서 이 글자로 연습하곤 합니다. 서예뿐만 아니라 펜글씨에서도 그 활용도는 동일하다고 생각이 됩니다. 현대에 와서는 '영자팔법'의 깊은 뜻이 상실되었으나 본서에서는 그 심법과 함께 되살려 보겠습니다.

1. 점

보통 점은 45도 정도 기울어지게 툭 찍습니다. 붓이라면 시작부는 가늘고 하단부가 통통한 모양이 됩니다. 점은 위치에 따라 각도가 달라질 수 있으니 그 변화를 잘 살펴서 찍으면 매우 경쾌한 모습이 됩니다. 점의 크기는 작으나 그 자체가 마음자리이며 생명을 의미하는 것입니다. 그러므로 점 하나도 대충 찍지 않으며, 심법은 일심집중(一心執中)입니다.

2. 옆으로 긋기

한자 해서(정자체)의 옆으로 긋기는 약간 우상향하는 것이 보기 좋습니다. 오른손으로 글씨를 쓸 때 평평하게 쓰는 것 보다 오른쪽이 살짝 올라가는 획이 더 편안하고 자연스럽기 때문에 이런 형태로 발전했습니다. 또한 이러한 각도로 인해 글자에 팽팽한 긴장감과 용맹한 기상이 서리게 됩니다. 옆으로 긋기의 심법은 돌비맹진(突飛猛進)입니다.

3. 내려긋기

내려긋기는 좌우 어느 쪽으로도 쓰러지지 않는 것이 기본입니다. 하지만 엄밀히 말하면 직선이라기보다는 아주 살짝 S자형 곡선을 취하는 경우가 많습니다. 그래야 글자에 생명력이 꿈틀대는 느낌이 나기 때문입니다. 내려긋기의 심법은 일이관지(一以貫之) 즉, 일관됨입니다.

4. 갈고리

획을 내려긋다가 끝에서 어느 순간 마치 반동처럼 튀어 오르는 것이 갈고리입니다. 그 각도는 취향에 따라 조금씩 차이가 있을 순 있지만 너무 치올리면 하단이 뾰족한 침처럼 보여서 좋지 않고, 또 너무 느슨한 느낌이 나도 매력이 없습니다. 극에 이르면 반대 기운이 솟아오르는 법이니 그 심법은 물극필반(物極必返)입니다.

오십에 쓰는,   중용 中庸

5. 삐쳐 올림
시작부는 쿡 찍어주고 위로 짧게 뽑아 올리는 획입니다. 삼수변(氵)의 세 번째 획과 같은 경우입니다. 삐쳐 올리는 각도는 다음 획이 시작하는 지점을 향하는데, 이러한 율동성을 필세(筆勢)라고 합니다. 이것은 물이 흐르는 듯한 흐름이므로 심법은 행운유수(行雲流水)입니다.

6. 삐침
한자에서 삐침이라는 획은 매우 중요합니다. 시작부에서 왼쪽 하단을 향해 내려오며 끝은 딱 맺지 않고 시원하게 뽑아줍니다. 삐침은 원래 '비침'에서 유래한 말로 태양 빛이 비치는 형상과 닮았습니다. 그러므로 날카로운 칼처럼 뽑는 것이 아닌, 온유하면서도 멀리 뻗어 나가는 획을 그어야 합니다. 심법은 기러기가 비스듬히 모래펄 위로 내려앉는 형국인 평사낙안(平沙落雁)입니다.

7. 쪼음
쪼음은 상단에서 쿡 찍어서 짧고 야무지게 뽑아 내리는 획입니다. 보통 이 획이 나오면 다음 순서로 크고 웅장한 획이 나오게 됩니다. 그래서 욕심을 버리고 큰일을 위해 준비를 한다는 마음으로 써야 합니다. 심법은 과유불급(過猶不及)입니다.

8. 파임
파임은 한자의 꽃이라고 할 만큼 웅장하고 아름다운 획입니다. 시작은 우측 하단을 향해 가늘게 내려오다가 최대한 필압(글 쓸 때 누르는 정도)을 주어 굵게 눌러주고, 다시 가늘게 살짝 우측으로 뽑으며 마무리합니다. 이처럼 장중한 획을 펼칠 때의 심법은 건곤일척(乾坤一擲)입니다.

天命之謂性, 率性之謂道, 修道之謂教. 道也者 不可須臾離也, 可離 非道也. 是故 君子 戒愼乎其所不睹,

천명지위성, 솔성지위도, 수도지위교. 도야자 불가수유리야, 가리 비도야. 시고 군자 계신호기소부도,

하늘이 명한 것을 성(性)이라 하고, 성에 따르는 것을 도(道)라 하고, 도를 닦는 것을 교(敎)라 한다. 도라는 것은 잠시도 떠날 수 없는 것이니, 떠날 수 있다면 도가 아니다. 그러므로 군자는 보이지 않는 곳을 조심하고 삼가며, -

天命之謂性, 率性之謂

道, 修道之謂教. 道也

者 不可須臾離也, 可

離 非道也. 是故 君

子 戒愼乎其所不睹,

恐懼乎其所不聞. 莫見乎隱, 莫顯乎微. 故 君子愼其獨也.

공구호기소불문. 막현호은, 막현호미. 고 군자신기독야.

- 들리지 않는 바를 두려워하는 것이다. 숨겨진 것보다 더 잘 드러나는 것은 없으며, 작은 것보다 더 잘 나타나는 것은 없다. 그러므로 군자는 홀로 있을 때 삼가는 것이다.

恐懼乎其所不聞. 莫見
乎隱, 莫顯乎微. 故
君子愼其獨也.

恐懼乎其所不聞. 莫見
乎隱, 莫顯乎微. 故
君子愼其獨也.

喜怒哀樂之未發 謂之中, 發而皆中節 謂之和. 中也者天下之
大本也, 和也者天下之達道也. 致中和, 天地位焉 萬物育焉.

희로애락지미발 위지중. 발이개중절 위지화. 중야자 천하지대본야. 화야자 천하지달도야. 치중화. 천지위언 만물육언.

희로애락이 발(發)하기 이전을 중(中)이라 하고, 발하여 절도에 맞는 것을 화(和)라 한다. 중은 천
하의 대본이요, 화는 천하의 달도(통용되는 도)이다. 중과 화에 이르게 되면, 하늘과 땅이 제자리에
있게 되고 만물이 자라게 된다.

喜怒哀樂之未發　謂之
中, 發而皆中節　謂之
和. 中也者　天下之大
本也, 和也者　天下之
達道也. 致中和, 天地
位焉　萬物育焉.

喜怒哀樂之未發　謂之

中, 發而皆中節　謂之

和. 中也者　天下之大

本也, 和也者　天下之

達道也. 致中和, 天地

位焉　萬物育焉.

仲尼曰 君子 中庸, 小人 反中庸. 君子之中庸也 君子而時中,
小人之中庸也 小人而無忌憚也.

중니왈 군자 중용, 소인 반중용. 군자지중용야 군자이시중, 소인지중용야 소인이무기탄야.

공자(중니)께서 말씀하시길, 군자는 중용이요, 소인은 반중용(중용에 반대)이다. 군자의 중용은 군자로서 때에 알맞게 하고, 소인의 중용은 소인으로서 거리낌 없는 것이다.

仲尼曰　君子　中庸,
小人　反中庸　君子之
中庸也　君子而時中,
小人之中庸也　小人而
無忌憚也.

仲尼曰　君子　中庸,

小人　反中庸.　君子之

中庸也　君子而時中,

小人之中庸也　小人而

無忌憚也.

子曰 中庸 其至矣乎 民鮮能久矣.

자왈 중용 기지의호 민선능구의.

공자께서 말씀하시길, 중용은 지극한 것인데 백성들은 오래 머물 수 있는 이가 드물다.

오십에 쓰는,

子曰　中庸　其至矣乎
民鮮能久矣.

子曰　中庸　其至矣乎
民鮮能久矣.

子曰　中庸　其至矣乎

民鮮能久矣.

子曰　中庸　其至矣乎

民鮮能久矣.

知者 過之, 愚者 不及也. 賢者 過之, 不肖子 不及也. 人莫不飲食也, 鮮能知味也.

지자 과지, 우자 불급야. 현자 과지, 불초자 불급야. 인막불음식야, 선능지미야.

안다는 자는 지나치고, 어리석은 자는 미치지 못한다. 현명한 자는 지나치고, 못난 자는 미치지 못한다. 마시고 먹지 않는 사람이 없으나, 맛을 아는 사람은 드물다.

知者　過之,　愚者　不
及也.　賢者　過之,　不
肖子　不及也.　人莫不
飲食也,　鮮能知味也.

知者　過之,　愚者　不

及也.　賢者　過之,　不

肖子　不及也.　人莫不

飲食也,　鮮能知味也.

子曰 道其不行矣夫.

자왈 도기불행의부.

공자께서 말씀하시길, 도는 행하여지지 않을 것이다.

*세상 기풍이 날로 떨어지므로 도가 행해지기 어렵다는 뜻.

子曰 道其不行矣夫.

子曰 道其不行矣夫.

子曰 道其不行矣夫.

子曰 道其不行矣夫.

子曰 舜其大知也 與舜好問而, 好察邇言, 隱惡而揚善. 執其
兩端 用其中於民, 其斯以爲舜乎.

자왈 순기대지야 여순호문이, 호찰이언, 은악이양선. 집기양단 용기중어민, 기 사이위순호.

순임금은 묻기를 좋아하시며, 평범한 말도 잘 살폈고, 사람의 악은 감춰주며 선은 드러내 주었다.
양극단을 잡으시어 그 중간을 백성들에게 적용하였으니, 이것이 순임금이 성인(聖人)된 까닭이다.

子曰　舜其大知也　與

舜好問而,　好察邇言,

隱惡而揚善.　執其兩端

用其中於民,　其斯以爲

舜乎.

子曰 人皆曰予知, 驅而納諸罟擭 陷阱之中而莫之知抗也.
人皆曰予知, 擇乎中庸而不能期月守也.

자왈 인개왈여지, 구이납저고확 함정지중이막지지항야. 인개왈여지, 택호중용이불능기월수야.

공자님이 말씀하시길, 사람들은 모두 자기는 지혜롭다고 말하지만, 그물과 덫이나 함정 가운데로 몰아넣어도 그것을 피할 줄 모른다. 사람들은 모두 자신은 지혜롭다고 말하지만, 중용을 택하여 한 달 동안도 지켜 내지 못한다.

子曰　人皆曰予知,　驅

而納諸罟擭　陷阱之中

而莫之知抗也.　人皆曰

予知,　擇乎中庸而不能

期月守也.

子曰 回之爲人也 擇乎中庸, 得一善則拳拳服膺而不失之矣.

자왈 회지위인야 택호중용, 득일선즉권권복응이불실지의.

공자님 말씀이 안회의 사람됨은 중용을 택하여, 한가지 선을 얻으면 받들어 가슴속에 지니고 그것을 잃지 않았다.

*안회: 공자님이 가장 총애했던 제자.

子曰 回之爲人也 擇

乎中庸, 得一善則拳拳

服膺而不失之矣.

子曰 回之爲人也 擇

乎中庸, 得一善則拳拳

服膺而不失之矣.

子曰 回之爲人也 擇

乎中庸, 得一善則拳拳

服膺而不失之矣.

子曰 天下國家 可均也, 爵祿 可辭也, 白刃 可蹈也 中庸 不可能也.

자왈 천하국가 가균야, 작록 가사야, 백인 가도야 중용 불가능야.

공자께서 말씀하시길, 천하의 국가도 고르게 다스릴 수 있고, 벼슬도 사양할 수 있고, 서슬 퍼런 칼날도 밟을 수 있다고 하여도 중용은 능히 할 수 없다.

子曰 天下國家 可均

也, 爵祿 可辭也, 白

刃 可蹈也 中庸 不

可能也.

君子 和而不流 强哉矯. 中立而不倚 强哉矯.

군자 화이불류 강재교. 중립이불의 강재교.

(자로가 강함을 묻자 공자께서 말씀하시길) 군자는 조화롭되 시류에 흐르지 아니하니 강하도다-그 꿋꿋함이여. 중에서 기울어지지 아니하니 강하도다-그 꿋꿋함이여.

君子　和而不流　强哉
矯.　中立而不倚　强哉
矯.

君子　和而不流　强哉
矯.　中立而不倚　强哉
矯.

君子　和而不流　强哉
矯.　中立而不倚　强哉
矯.

子曰 素隱行怪 後世有述焉 吾不爲之矣. 君子遵道而行 半途而
廢吾弗能已矣.君子依乎中庸 遯世不見知而不悔, 唯聖者能之.

자왈 소은행괴 후세유술언 오불위지의, 군자준도이행 반도이폐 오불능이의. 군자 의호중용 돈세불견지이불회, 유성자능지.

공자님 말씀이 은밀한 이치를 찾아내려 하고 괴이한 짓을 하면 후세에 떠받드는 일이 있을 것이지
만 나는 그런 짓을 하지 않겠다. 군자가 도를 좇아 행하다가 중도에 그만두기도 하나 나는 그만둘
수 없다. 군자는 중용에 의지하므로 세상에서 숨어 있어 알려지지 않아도 후회하지 않으니, 이는 오
직 성자라야 그렇게 할 수 있다.

*돈세(遯世) : '돈' 또는 '둔'으로 읽는다. 둔세(遁世)와 같으며 세상을 피해 홀로 숨어 사는 것을 말한다.

子曰　素隱行怪　後世

有述焉　吾不爲之矣.

君子遵道而行　半途而

廢　吾弗能已矣.　君子

依乎中庸　遯世不見知

而不悔,　唯聖者能之.

子曰　素隱行怪　後世

有述焉　吾不爲之矣.

君子遵道而行　半途而

廢　吾弗能已矣.　君子

依乎中庸　遯世不見知

而不悔,　唯聖者能之.

君子之道 費而隱. 君子語大 天下莫能載焉, 語小 天下莫能
破焉. 君子之道 造端乎夫婦, 及其至也 察乎天地.

군자지도 비이은. 군자어대 천하막능재언, 어소 천하막능파언. 군자지도 조단호부부, 급기지야 찰호천지.

군자의 도는 광대하면서도 아주 작다. 군자가 큰 것을 말하면 천하도 능히 실을 수가 없고, 작기로
말하면 천하도 능히 이를 쪼갤 수 없다. 군자의 도는 평범한 사람 일에서 발단되지만, 그 지극함은
천지에 나타난다.

君 子 之 道　費 而 隱. 君
子 語 大　天 下 莫 能 載 焉,
語 小　天 下 莫 能 破 焉.
君 子 之 道　造 端 乎 夫 婦,
及 其 至 也　察 乎 天 地.

君 子 之 道　費 而 隱. 君
子 語 大　天 下 莫 能 載 焉,
語 小　天 下 莫 能 破 焉.
君 子 之 道　造 端 乎 夫 婦,
及 其 至 也　察 乎 天 地.

子曰 道不遠人, 人之爲道而遠人 不可以爲道. 忠恕 違道不遠, 施諸己而不願 亦勿施於人.

자왈 도불원인, 인지위도이원인 불가이위도. 충서 위도불원, 시저기이불원 역물시어인.

공자께서 말씀하시길 도는 사람에게서 멀지 아니하니, 사람이 도를 행하되 사람과 멀리한다면 도가 될 수 없다. 충(忠)과 서(恕)는 도에서 멀지 않으니, 나에게 베풀기를 원치 않는 것은 또한 남에게 베풀지 말아야 한다.

*제(諸): 之於의 축약형으로 쓰일 때는 '저'라는 독음으로 읽힌다.

*충서(忠恕) : 마음을 다함이 忠이요, 나를 미루고 남을 배려함을 恕라고 정의함.

子曰 道不遠人, 人之

爲道而遠人 不可以爲

道. 忠恕 違道不遠,

施諸己而不願 亦勿施

於人.

오십에 쓰는, 중용 中庸

庸德之行 庸言之謹.

용덕지행 용언지근.

늘 덕을 실천하며 일상의 말도 조심한다.

庸德之行　庸言之謹.

庸德之行　庸言之謹.

庸德之行　庸言之謹.

庸德之行　庸言之謹.

용덕지행 용언지근.

늘 덕을 실천하며 일상의 말도 조심한다.

君子 素其位而行, 不願乎其外. 在上位 不陵下, 在下位 不援上.

군자 소기위이행, 불원호기외, 재상위 불릉하, 재하위 불원상.

군자는 자신의 위치에 알맞게 처신할 뿐, 분수 밖의 것은 바라지 않는다. 윗자리에 있으면서 아랫사람을 업신여기지 아니하며, 아랫자리에 있어서는 윗사람에게 아부하지 않는다.

君子　素其位而行,　不
願乎其外.　在上位　不
陵下,　在下位　不援上.

君子　素其位而行,　不
願乎其外.　在上位　不
陵下,　在下位　不援上.

正己而不求於人 則無怨, 上不怨天 下不尤人. 故 君子 居易
以俟命, 小人 行險以徼幸.

정기이불구어인 즉무원, 상불원천 하불우인. 고 군자 거이이사명, 소인 행험이요행.

자신을 바로잡고 남에게 구하지 아니하면 원망함이 없을 것이니, 위로는 하늘을 원망치 아니하며,
아래로는 다른 사람을 탓하지 않는다. 그러므로 군자는 쉽게 살면서 천명을 기다리고, 소인은 위험
한 일을 행하고는 요행을 기다린다. -

正己而不求於人　則無
怨,　上不怨天　下不尤
人.　故　君子　居易以
俟命,　小人　行險以徼
幸.

子曰 謝有似乎君子. 失諸正鵠 反求諸其身.

자왈 사유사호군자, 실저정곡 반구저기신.

- 공자께서 말씀하시길 '활쏘기는 군자의 태도와 유사한 점이 있다. 정곡을 못 맞히면 돌이켜 자신에게서 잘못을 찾는다'.

子曰　謝有似乎君
子. 失諸正鵠　反求諸
其身.

子曰　謝有似乎君
子. 失諸正鵠　反求諸
其身.

子曰　謝有似乎君
子. 失諸正鵠　反求諸
其身.

君子之道 辟如行遠必自邇, 辟如登高必自卑.

군자지도 비여행원필자이, 비여등고필자비.

군자의 도는 멀리 가려면 반드시 가까운 곳에서부터 시작하고, 높이 올라가려면 반드시 낮은 곳에서부터 시작해야 한다.

*비(辟): 비유할 비(譬)와 동일함.

君子之道　辟如行遠必
自邇,　辟如登高必自卑.

君子之道　辟如行遠必
自邇,　辟如登高必自卑.

君子之道　辟如行遠必

自邇,　辟如登高必自卑.

君子之道　辟如行遠必

自邇,　辟如登高必自卑.

子曰 鬼神之爲德 其盛矣乎. 視之而弗見, 聽之而弗聞, 體物
而不可遺.

자왈 귀신지위덕 기성의호. 시지이불견, 청지이불문, 체물이불가유.

공자께서 말씀하시길 귀신의 덕은 성하기도 하다. 그것을 보려 하면 보이지 않고, 들으려 해도 들리
지 아니하되, 만물의 본체인지라 버릴 수가 없다.

*여기서 귀신은 우리가 말하는 잡귀가 아니고 신(神)이나 정령(精靈)을 이른다.

子曰　鬼神之爲德　其

盛矣乎.　視之而弗見,

聽之而弗聞,　體物而不

可遺.

大德必得其位, 必得其祿, 必得其名, 必得其壽. 故 天地生物必因其材而篤焉. 故 栽者培之, 傾者覆之.

대덕 필득기위, 필득기록, 필득기명, 필득기수. 고 천지생물 필인기재이독언. 고 재자배지, 경자복지.

(공자께서 순의 좋은 점을 말씀하시고) 큰 덕 있는 이는 반드시 지위를 얻고, 반드시 그 대가를 얻으며, 반드시 명예를 얻고, 반드시 (그 명성이) 오래가게 된다. 그러므로 하늘이 만물을 생육함은 반드시 그 재질에 따라 베풀어준다. 고로 뿌리를 뻗고 자라는 자는 북돋아 주고, 기울어진 자는 아예 넘어뜨린다.

大德　必得其位,　必得

其祿,　必得其名,　必得

其壽.　故　天地生物

必因其材而篤焉.　故

栽者培之,　傾者覆之.

子曰 無憂者 其惟文王乎.

자왈 무우자 기유문왕호.

공자께서 말씀하시길 아무 걱정 없는 이는 바로 문왕이었다.

*주나라의 문왕은 아버지가 이룩한 터전 위에 더욱 큰 공을 쌓아 놓은 후, 아들 무왕 때에 태공망 여상(흔히 강태공이라 함)의 도움으로 상(商: 은나라라고도 함)의 폭군 주(紂) 임금을 멸하고 천하를 평정했다. 그의 삶은 곡절이 많았지만 한 번도 자신의 소신에 어긋나게 살지 않았음을 칭송한 말이다.

子曰　無憂者　其唯文
王乎.

子曰　無憂者　其唯文
王乎.

子曰　無憂者　其唯文

王乎.

子曰　無憂者　其唯文

王乎.

夫孝者 先繼人之志, 先述人之事者也.

부효자 선계인지지, 선술인지사자야.

대저 효라는 것은 선인의 뜻을 잘 계승하고, 선인의 일을 잘 이어 나감이다.

夫孝者　先繼人之志,
先述人之事者也.

夫孝者　先繼人之志,
先述人之事者也.

夫孝者　先繼人之志,

先述人之事者也.

夫孝者　先繼人之志,

先述人之事者也.

其人存 則其政擧, 其人亡 則其政息.

기인존 즉기정거, 기인망 즉기정식.

(노나라 임금 애공이 공자께 정치에 대하여 묻자, 무왕과 문왕의 기록을 말하며) 그러한 사람이 있으니 그러한 정치가 이루어지고, 그러한 사람이 없으면 그러한 정치는 없어진다.

*문왕, 무왕과 같이 시대를 밝히고 이끌어 갈 성인이 반드시 필요하다는 뜻.

其人存 則其政擧, 其
人亡 則其政息.

其人存 則其政擧, 其
人亡 則其政息.

其人存 則其政擧, 其

人亡 則其政息.

其人存 則其政擧, 其

人亡 則其政息.

오십에 쓰는, 　중용 中庸

仁者人也 親親爲大, 義者 宜也 尊賢爲大.

인자 인야 친친위대, 의자 의야 존현위대.

인(仁)이라는 것은 사람다움이니 친인(지인)과 친히 지냄을 크게 보고, 의(義)라는 것은 마땅함이니 어진 이를 높임을 크게 본다.

仁者　人也　親親爲大,
義者　宜也　尊賢爲大.

仁者　人也　親親爲大,
義者　宜也　尊賢爲大.

仁者　人也　親親爲大,
義者　宜也　尊賢爲大.

仁者　人也　親親爲大,
義者　宜也　尊賢爲大.

天下之達道五 所以行之者 三. 智仁勇三者 天下之達德也, 所以行之者一也. 子曰 好學近乎知, 力行近乎仁, 知恥近乎勇.

천하지달도오 소이행지자 삼. 지인용삼자 천하지달덕야, 소이행지자일야. 자왈 호학 근호지, 역행 근호인, 지치 근호용.

천하에 통용되는 도는 다섯인데 그것을 행하는 것은 셋이다. 지(智), 인(仁), 용(勇)의 세 가지는 세상에 널리 통용되는 덕이니, 그것을 행하는 것이 첫 번째. 공자 말씀이 배움을 좋아하는 것은 지(知)에 가깝고, 힘써 행하는 것은 인(仁)에 가깝고, 부끄러움을 아는 것은 용(勇-용기)에 가깝다.

*다섯은 삼강오륜의 오륜을 말함.

天下之達道五　所以行
之者　三.　智仁勇三者
天下之達德也,　所以行
之者一也.　子曰　好學
近乎知,　力行　近乎仁,
知恥　近乎勇.

天下之達道五　所以行

之者　三.　智仁勇三者

天下之達德也,　所以行

之者一也.　子曰　好學

近乎知,　力行　近乎仁,

知恥　近乎勇.

凡事 豫則立, 不豫則廢.

범사 예즉립, 불예즉폐.

모든 일은 미리 준비하면 곧 이루어지고, 미리 준비되어 있지 않으면 곧 실패하게 된다.

凡事　豫則立，不豫則
廢.

凡事　豫則立，不豫則
廢.

凡事　豫則立，不豫則
廢.

凡事　豫則立，不豫則
廢.

誠身有道, 不明乎善 不誠乎身矣. 誠者 天之道也, 誠之者人
之道也. 誠之者 擇善而固執之者也.

성신유도, 불명호선 불성호신의. 성자 천지도야, 성지자 인지도야. 성지자 택선이고집지자야.

자신을 성실하게 하는 데는 도가 있으니, 선에 밝지 못하면 자신을 성실하게 할 수 없다. 성이란 것
은 타고날 때부터 가진 도이며, 성실하게 하려는 것은 사람의 도이다. 성실하게 한다는 것은 착한
일을 골라서 굳게 지키려는 것이다.

誠身有道, 不明乎善
不誠乎身矣. 誠者 天
地道也, 誠之者 人之
道也. 誠之者 擇善而
固執之者也.

誠身有道, 不明乎善

不誠乎身矣. 誠者 天

地道也, 誠之者 人之

道也. 誠之者 擇善而

固執之者也.

오십에 쓰는, 중용 中庸

博學之, 審問之, 愼思之, 明辨之, 篤行之.

박학지, 심문지, 신사지, 명판지, 독행지.

널리 배우고, 자세히 묻고, 신중하게 생각하고, 명확하게 판단하고, 착실하게 행할 것이다.

博學之, 審問之, 愼思
之, 明辨之, 篤行之.

博學之, 審問之, 愼思
之, 明辨之, 篤行之.

博學之, 審問之, 愼思
之, 明辨之, 篤行之.

博學之, 審問之, 愼思
之, 明辨之, 篤行之.

박학지, 심문지, 신사지, 명판지, 독행지.

널리 배우고, 자세히 묻고, 신중하게 생각하고, 명확하게 판단하고, 착실하게 행할 것이다.

人一能之 己百之, 人十能之 己千之. 自誠明 謂之性, 自明誠 謂之教. 誠則明矣, 明則誠矣.

인일능지 기백지, 인십능지 기천지. 자성명 위지성, 자명성 위지교. 성즉명의, 명즉성의.

남이 한 번해서 능하다면 자신은 백 번 하고, 남이 열 번 해서 능통하면 자신은 천 번을 해야 한다. 성실됨으로 말미암아 밝아지는 것을 성(誠)이라 하고, 밝음으로 말미암아 성실해지는 것을 교(敎)라 한다. 성실하면 곧 밝아지고, 밝으면 곧 성실해진다.

人一能之 己百之, 人
十能之 己千之. 自誠
明 謂之性, 自明誠
謂之教. 誠則明矣, 明
則誠矣.

人一能之 己百之, 人
十能之 己千之. 自誠
明 謂之性, 自明誠
謂之教. 誠則明矣, 明
則誠矣.

能盡物之性 則可以贊天地之化育. 唯天下至誠 爲能化.

능진물지성 즉가이찬천지지화육. 유천하지성 위능화.

만물의 본성을 다할 수 있으면 곧 하늘과 땅의 화육(변화와 생육)을 도울 수 있다. 오직 천하의 지극한 정성이 있어야 감화시킬 수 있다.

能盡物之性　則可以贊
天地之化育.　唯天下至
誠　爲能化.

能盡物之性　則可以贊
天地之化育.　唯天下至
誠　爲能化.

至誠 如神. 誠者 自成也, 而道 自道也. 誠者 物之終始, 不誠
無物. 誠者 非自成己而已也, 所以成物也.

지성 여신. 성자 자성야. 이도 자도야. 성자 물지종시. 불성 무물. 성자 비자성기이이야. 소이성물야.

지극한 정성은 신과 같다. 정성이라는 것은 스스로 이루는 것이요, 도는 스스로 행하는 것이다. 정
성이란 것은 만물의 처음이며 끝이니, 성실하지 못하면 만물은 없어진다. 성(誠)이란 자기 자신을
이루게 할 뿐만 아니라, 다른 사물을 이루게 한다.

至誠 如神. 誠者 自
成也, 而道 自道也.
誠者 物之終始, 不誠
無物. 誠者 非自成己
而已也, 所以成物也.

至誠 如神. 誠者 自

成也, 而道 自道也.

誠者 物之終始, 不誠

無物. 誠者 非自成己

而已也, 所以成物也.

오십에 쓰는, 　　　중용 中庸

博厚配地, 高明配天, 悠久 無彊. 天地之道 博也厚也高也明也悠也久也.

박후 배지, 고명 배천, 유구 무강. 천지지도 박야후야고야명야유야구야.

(덕의) 넓고 두터움은 땅과 같으며, 높고 밝음은 하늘과 같고, 멀고 오램은 끝이 없다. 하늘과 땅의 도는 넓음이요, 두터움이요, 높음이요, 밝음이요, 오래감이요, 영원함이다.

博厚 配地, 高明 配天, 悠久 無彊. 天地之道 博也厚也高也明也悠也久也.

博厚 配地, 高明 配

天, 悠久 無彊. 天地

之道 博也厚也高也明

也悠也久也.

大哉 聖人之道. 洋洋乎發育萬物峻極于天.

대재 성인지도. 양양호발육만물 준극우천.

성인의 도는 위대하다. 한없이 폭넓게 만물을 생성하여 높기가 하늘에까지 닿는다.

大哉　聖人之道.　洋洋
乎發育萬物　峻極于天.

大哉　聖人之道.　洋洋
乎發育萬物　峻極于天.

大哉　聖人之道.　洋洋

乎發育萬物　峻極于天.

大哉　聖人之道.　洋洋

乎發育萬物　峻極于天.

待其人而後行. 故 曰 苟不至德 至道不凝焉. 故 君子 尊德性
而道問學, 致廣大而盡精微.

대기인이후행. 고 왈 구부지덕 지도불응언. 고 군자 존덕성이도문학, 치광대이진정미.

사람이 되고 나서야 (바르게) 행할 수 있다. 그러므로 '진실로 지극한 덕이 아니면 지극한 도는 이루어지지 않는다.'고 하였다. 그러므로 군자는 덕성을 높이고 묻고 배우는 길을 가는 것이니, 넓고 큼을 목표로 정미함(아주 작고 미세한)을 다한다.

待其人而後行. 故 曰
苟不至德 至道不凝焉.
故 君子 尊德性而道
問學, 致廣大而盡精微.

待其人而後行. 故 曰
苟不至德 至道不凝焉.
故 君子 尊德性而道
問學, 致廣大而盡精微.

極高明而道中庸, 溫故而知新, 敦厚以崇禮. 是故 居上不驕,
爲下不倍.

극고명이도중용, 온고이지신, 돈후이숭례. 시고 거상불교, 위하불배.

높고 밝음을 지극히 하여 중용의 길을 갈 것이며, 옛 것을 익혀서 새것을 알고, 돈후함(인정이 두터
움)으로 예를 높여야 한다. 그렇기 때문에 윗자리에 있어도 교만하지 아니하며, 아랫자리에 있게
되어도 배반하지 않는 것이다.

極高明而道中庸, 溫故

而知新, 敦厚以崇禮.

是故 居上不驕, 爲下

不倍.

國有道 其言足以興, 國無道 其默則以容.

국유도 기언족이흥, 국무도 기묵즉이용.

나라에 도가 있을 때는 그 말(충언)은 족히 받아들여지고, 나라에 도가 없을 때는 그 침묵함이 허용된다.

*난세에서는 가만히 있는 것도 하나의 방법이다.

國有道　其言足以興,
國無道　其默則以容.

國有道　其言足以興,
國無道　其默則以容.

國有道　其言足以興,
國無道　其默則以容.

國有道　其言足以興,
國無道　其默則以容.

국유도 기언족이흥, 국무도 기묵즉이용.

나라에 도가 있을 때는 그 말(충언)은 족히 받아들여지고, 나라에 도가 없을 때는 그 침묵함이 허용된다.

*난세에서는 가만히 있는 것도 하나의 방법이다.

子曰 愚而好自用, 賤而好自專. 生乎今之世 反古之道 如此
者 災及其身者也. 君子之道 本諸身 徵諸庶民,

자왈 우이호자용, 천이호자전. 생호금지세 반고지도 여차자 재급기신자야. 군자지도 본저신 징저서민.

공자께서 말씀하시길 (소인은) 어리석으면서 자기 내세우기를 좋아하며, 비천하면서 자기 멋대로
행동 하기를 좋아한다. 지금 세상에 나서 옛날의 도를 어긴다면 이러한 자는 재앙이 몸에 미치게
될 것이다. 그러므로 군자의 도는 자신을 모범으로 하여 백성들에게 시험해 보고, -

子曰　愚而好自用,　賤
而好自專.　生乎今之世
反古之道　如此者　災
及其身者也.　君子之道
本諸身　微諸庶民,　考

考諸三王而不謬, 建諸天地而不悖, 質諸鬼神而無疑, 百世而俟聖人而不.

고저삼왕이불류, 건저천지이불패, 질저귀신이무의, 백세이사성인이불혹.

- 삼왕(하나라의 우왕, 상나라의 탕왕, 주나라의 문왕 무왕)들에게 비추어 보아 그릇됨이 없이 하며, 천지에 세워 두어도 어긋남이 없고, 귀신에 물어 보아도 의심되는 것이 없으며, 백대 뒤의 성인을 다시 만나도 의혹을 받지 않는다.

諸三王而不謬, 建諸天
地而不悖, 質諸鬼神而
無疑, 百世而俟聖人而
不惑.

諸三王而不謬, 建諸天
地而不悖, 質諸鬼神而
無疑, 百世而俟聖人而
不惑.

仲尼 祖述堯舜, 憲章文武, 上律天時, 下襲水土.

중니 조술요순, 헌장문무, 상률천시, 하습수토.

공자님은 요임금과 순임금을 조종으로 이어 받고, 문왕과 무왕의 법도를 지켰으며, 위로는 하늘의
뜻을 법으로 삼고, 아래로는 물과 흙의 이치(치수)를 따랐다.

仲尼　祖述堯舜,　憲章
文武,　上律天時,　下襲
水土.

仲尼　祖述堯舜,　憲章
文武,　上律天時,　下襲
水土.

오십에 쓰는,　중용 中庸

萬物 竝育而不相害, 道竝行而不相悖.

만물 병육이불상해, 도병행이불상패.

만물은 함께 자라도 서로 해치지 아니하며, 도는 함께 행해도 서로 거슬리지 않는다.

萬物　竝育而不相害,

道竝行而不相悖.

萬物　竝育而不相害,

道竝行而不相悖.

萬物　竝育而不相害,

道竝行而不相悖.

만물 병육이불상해, 도병행이불상패.

만물은 함께 자라도 서로 해치지 아니하며, 도는 함께 행해도 서로 거슬리지 않는다.

小德 川流, 大德 敦化. 此天地之所以爲大也.

소덕 천류, 대덕 돈화. 차천지지소이위대야.

작은 덕은 냇물이 흐르는 것과 같고, 큰 덕은 (백성을) 돈독히 교화시킨다. 이것이 하늘과 땅이 위대한 이유인 것이다.

小德　川流,　大德　敦
化.　此天地之所以爲大
也.

小德　川流,　大德　敦
化.　此天地之所以爲大
也.

小德　川流,　大德　敦
化.　此天地之所以爲大
也.

唯天下至聖 爲能聰明叡智 足以有臨也.

유천하지성 위능총명예지 족이유림야.

오직 천하의 지극한 성인이어야 총명하고 예지가 있음으로써 족히 (올바로 일을 처리함에) 임할 수 있다.

唯天下至聖　爲能聰明
叡智　足以有臨也.

唯天下至聖　爲能聰明
叡智　足以有臨也.

唯天下至聖　爲能聰明

叡智　足以有臨也.

唯天下至聖　爲能聰明

叡智　足以有臨也.

유천하지성 위능총명예지 족이유림야.

溥博 如天, 淵泉 如淵.

부박 여천, 연천 여연.

(성인의 덕이) 두루 넓음은 하늘과 같고, 깊은 근원은 연못과 같다.

溥博　如天,　淵泉　如
淵.

溥博　如天,　淵泉　如
淵.

溥博　如天,　淵泉　如
淵.

溥博　如天,　淵泉　如
淵.

唯天下至誠 爲能經綸天下之大經. 立天下之大本 知天地之
化育, 夫焉有所倚. 架架其仁, 淵淵其淵, 浩浩其天.

유천하지성 위능경륜천하지대경. 입천하지대본 지천지지화육, 부언유소의, 순순기인, 연연기연, 호호기천.

오직 천하의 지극한 정성이라야 천하를 크게 경영할 수 있다. 천하의 대본을 세울 수 있으며 하늘
과 땅의 화육을 알 수 있으니, 어찌 누구에게 의지하는 데가 있겠는가. 지극한 정성은 그 인(仁)이
며, 깊고 깊음은 그 못이고, 넓고 넓음은 그 하늘이다.

*순(架): 정성스러울 순.

唯天下至誠　爲能經綸

天下之大經. 立天下之

大本　知天地之化育,

夫焉有所倚. 架架其仁,

淵淵其淵, 浩浩其天.

君子之道 闇然而日章, 小人之道 的然而日亡. 君子 不動而敬, 不言而信. 君子 不賞而民勸, 不怒而民威於斧鉞. 君子 篤恭而天下平.

군자지도 암연이일장, 소인지도 적연이일망. 군자 부동이경, 불언이신. 군자 불상이민권, 불노이민위어부월. 군자 독공이천하평.

군자의 도는 보이지 않는 것 같으나 날로 밝아지고, 소인의 도는 밝은 것 같으나 날로 어두워진다. 군자는 움직이지 않아도 존경받고, 말하지 않아도 믿음이 있다. 군자는 상을 주지 않아도 백성들이 권면하며(힘을 쓰며), 성을 내지 않아도 백성들이 형벌보다 두려워한다. 군자는 공경을 돈독히 함으로써 (군자의 덕을 백성들이 본받아서) 천하를 화평케 하는 것이다.

君子之道　闇然而日章,
小人之道　的然而日亡.
君子　不動而敬,　不言
而信.　君子　不賞而民
勸,　不怒而民威於斧鉞.
君子　篤恭而天下平.

君子之道　闇然而日章,

小人之道　的然而日亡.

君子　不動而敬,　不言

而信.　君子　不賞而民

勸,　不怒而民威於斧鉞.

君子　篤恭而天下平.

子曰 聲色之於以化民 末也.

자왈 성색지어이화민 말야.

공자께서 말씀하시길 목소리와 얼굴빛으로 백성을 다스림은 말단이다.

*성인은 '인의도덕'으로 백성을 다스린다.

子曰　聲色之於以化民
末也.

子曰　聲色之於以化民
末也.

子曰　聲色之於以化民

末也.

子曰　聲色之於以化民

末也.

天命之謂性, 率性之謂

道, 修道之謂教. 道也

者 不可須臾離也, 可

離 非道也. 是故 君

子 戒愼乎其所不睹,

恐懼乎其所不聞. 莫見

乎隱, 莫顯乎微. 故

君子愼其獨也.

喜怒哀樂之未發　謂之

中，發而皆中節　謂之

和．中也者　天下之大

本也，和也者　天下之

達道也．致中和，天地

位焉　萬物育焉．

仲尼曰　君子　中庸，

小人　反中庸．君子之

中庸也　君子而時中，

小人之中庸也　小人而

無忌憚也．

子曰　中庸　其至矣乎

民鮮能久矣.

知者　過之,　愚者　不

及也.　賢者　過之,　不

肖子　不及也.　人莫不

飲食也,　鮮能知味也.

子曰　道其不行矣夫.

子曰　舜其大知也　與

舜好問而, 好察邇言,

隱惡而揚善. 執其兩端

用其中於民, 其斯以為

舜乎.

子曰　人皆曰予知, 驅

而納諸罟擭　陷阱之中

而莫之知抗也. 人皆曰

予知, 擇乎中庸而不能

期月守也.

子曰　回之爲人也　擇

乎中庸, 得一善則拳拳

服膺而不失之矣.

子曰　天下國家　可均
也，爵祿　可辭也，白
刃　可蹈也　中庸　不
可能也．

君子　和而不流　強哉
矯．中立而不倚　強哉
矯．

子曰　素隱行怪　後世
有述焉　吾不爲之矣.
君子遵道而行　半途而
廢　吾弗能已矣.　君子
依乎中庸　遯世不見知
而不悔,　唯聖者能之.
君子之道　費而隱.　君
子語大　天下莫能載焉,
語小　天下莫能破焉.
君子之道　造端乎夫婦,
及其至也　察乎天地.

子曰　道不遠人，人之
為道而遠人　不可以為
道．忠恕　違道不遠，
施諸己而不願　亦勿施
於人．

庸德之行　庸言之謹．

君子　素其位而行，不
願乎其外．在上位　不
陵下，在下位　不援上．

正己而不求於人　則無
怨，上不怨天　下不尤
人．故　君子　居易以
俟命，小人　行險以僥
幸．子曰　射有似乎君
子．失諸正鵠　反求諸
其身．

君子之道　辟如行遠必
自邇，辟如登高必自卑．

子曰　鬼神之為德　其
盛矣乎．視之而弗見，
聽之而弗聞，體物而不
可遺．

大德 必得其位, 必得

其祿, 必得其名, 必得

其壽. 故 天地生物

必因其材而篤焉. 故

栽者培之, 傾者覆之.

子曰 無憂者 其唯文

王乎.

夫孝者　先繼人之志，
先述人之事者也．

其人存　則其政舉，其
人亡　則其政息．

仁者　人也　親親爲大,

義者　宜也　尊賢爲大.

天下之達道五　所以行

之者　三. 智仁勇三者

天下之達德也, 所以行

之者一也. 子曰　好學

近乎知, 力行　近乎仁,

知恥　近乎勇.

凡事　豫則立，不豫則
廢．

誠身有道，不明乎善
不誠乎身矣．誠者　天
地道也，誠之者　人之
道也．誠之者　擇善而
固執之者也．

博學之, 審問之, 慎思
之, 明辨之, 篤行之.

人一能之 己百之, 人
十能之 己千之. 自誠
明 謂之性, 自明誠
謂之教. 誠則明矣, 明
則誠矣.

能盡物之性 則可以贊

天地之化育. 唯天下至

誠 為能化.

至誠 如神. 誠者 自

成也, 而道 自道也.

誠者 物之終始, 不誠

無物. 誠者 非自成己

而已也, 所以成物也.

博厚　配地,　高明　配
天,　悠久　無疆.　天地
之道　博也厚也高也明
也悠也久也.

大哉　聖人之道.　洋洋
乎發育萬物　峻極于天.

待其人而後行. 故　曰

苟不至德　至道不凝焉.

故　君子　尊德性而道

問學, 致廣大而盡精微.

極高明而道中庸, 温故

而知新, 敦厚以崇禮.

是故　居上不驕, 爲下

不倍.

子曰　愚而好自用, 賤
而好自專. 生乎今之世
反古之道　如此者　災
及其身者也. 君子之道
本諸身　微諸庶民, 考
諸三王而不謬, 建諸天
地而不悖, 質諸鬼神而
無疑, 百世而俟聖人而
不惑.

國有道　其言足以興,

國無道　其默則以容.

仲尼　祖述堯舜, 憲章

文武, 上律天時, 下襲

水土.

萬物　並育而不相害,

道並行而不相悖.

小德　川流, 大德　敦

化. 此天地之所以爲大

也.

唯天下至聖　為能聰明

叡智　足以有臨也.

唯天下至誠　為能經綸

天下之大經. 立天下之

大本　知天地之化育,

夫焉有所倚. 肫肫其仁,

淵淵其淵, 浩浩其天.

溥博　如天，淵泉　如
淵.

君子之道　闇然而日章,
小人之道　的然而日亡.
君子　不動而敬,　不言
而信. 君子　不賞而民
勸,　不怒而民威於斧鉞.
君子　篤恭而天下平.

子曰　聲色之於以化民

末也.

문자(文字)란 사상을 담은 그릇이므로
필사는 하나의 인성수양(人性修養)이며
도야(陶冶)라고 할 수 있습니다.

하루 10분, 고전 필사 07
오십에 쓰는 중용中庸

초판1쇄 인쇄 2024년 9월 11일
초판1쇄 발행 2024년 9월 23일

지은이 타타오(한치선)
펴낸이 최병윤
펴낸곳 운곡서원
출판등록 2013년 7월 24일 제2024-000064호
주소 서울시 은평구 증산로21가길 11-11, 103호
전화 02-334-4045
팩스 02-334-4046

종이 일문지업
인쇄 수이북스

ⓒ한치선
ISBN 979-11-94116-09-7 04150
가격 8,500원